आत्मजा

कुछ अनकही संवेदनाओं की पोटली

तृप्ति

Copyright © Tripti
All Rights Reserved.

सादर समर्पित है आपको
माँ (अमिता सिन्हा) -पापा (सुनील कुमार सिन्हा)
भाई (अविनाश) - बहन (दीप्ति)
बेटा (ओजस
और हमारे उन चंद दोस्तों को जो हमारी हिम्मत हैं

क्रम-सूची

क्रम-सूची

भूमिका

ये कविता संग्रह उन सभी लोगों के लिऐ है जो जिंदगी की छोटी छोटी खुशियां जीना चाहते है, जो मेरी तरह जाने किस मृगतृष्णा में मतवाले है, जो बस किस्से सुनने सुनाने में विश्वास रखते है|

जो जिन्दगी चाहे जितनी ही तकलीफें दे अपने लिए एक "मगर" ढूंढ कर हिम्मत जुटा कर चल पड़ते हैं|

मेरा जीवन आसान नहीं रहा, पर सच तो ये हैं की किसी का नहीं होता!

कभी कभी सोचते हैं दिल खोल के रख दें अगर तकलीफों को कह, तो कहीं सैलाब न आ जाये।

पर तकलीफ थे तो खुशियां भी रही है, भगवान ने हमेशा साथ दिया हैं। और वो कहते हैं न सुख दुःख दोनों को ही महसूस करना पड़ता है तभी समझ आती है। तो बात सिर्फ इतनी है की मैंने सीखा है की जो बुरे समय में आपको बिखर के गिरने न दे, सिर्फ वही आपका दोस्त है, वही आपका परिवार है।

शुरुआत

1. शुरुआत

सोचा जाए अगर
की कहाँ से शुरू किया जाए
तो सच ही है
शुरू से शुरू होना चाहिए ....

2. लिखने की कोशिश

सच वो बचपन ही था
छोटी छोटी बातों पर
वो निब वाले कलम में
स्याही भर कर
हाथ मुँह और कपड़ों पर
नीले निशान कर
लिखने की कोशिश
शुरू हो जाती थी
जाने क्या लिखना था
बस घन्टों
पन्ने भरते चले जाते थे
और फिर भूल जाते थे...

3. कॉपी

पहला रजिस्टर था
मेरे उस पिटारे में
कॉपी बोलना
बहुत गलत था
छोटी छोटी
बिना सर पैर की
काफी कवितायेँ थी उसमे
कागज़ बड़े
पर कवितायेँ छोटी
पर ये भी ठीक है
एक किस्सा याद है मुझे
स्कूल के आँगन में
वो दीवार के कोने पर
एक छिपकली मरी पड़ी थी
हाँ सच
घर आकर लिखा था मैंने
पूरा पन्ना भर गया था
सबसे लम्बी कविता
और शीर्षक छिपकली
क्या था मालूम नहीं
पर सोच कर
बहुत हँसी आती है

सबसे लम्बी कविता...

4. रजिस्टर

तो फिर वो रजिस्टर
जाने कहाँ खो गया
ये मेरा कमजोर मन था
या खुद पर विशवास न होना
देखो
कभी इसके खोने का
दुःख नहीं हुआ
या शायद हुआ था
इसीलिए लिख रही हूँ
२० साल बाद
याद कर रही हूँ
सोच रही हूँ
क्या लिखा होगा
क्यों लिखा होगा
पर ये भी ठीक है...

5. बचपन

बचपन मेरा बड़ा अच्छा था
नाचने का शौक था
पर गीत भूल जाती थी
पढ़ने का शौक था
तो पापा किताबों के ढेर
इकट्ठे कर दिया करते थे
याद नहीं कभी बिना किताब
सिरहाने रखे नींद आयी हो
सहेलियां ढूंढने की जरुरत नहीं
घर में हमउम्र बहन थी
और एक छोटा भाई
लिखने की इच्छा थी
तो घर में ढेरों कलम थी
बस आत्मविश्वास नहीं था
क्यों लिखूँ पता नहीं
क्या लिखूं पता नहीं
फिर भी
जाने क्या क्या लिख
कई कॉपियाँ भरी
सोचती हूँ
क्या लिखा होगा मैंने तब?

6. माँ - पापा

सब कुछ तो कह नहीं सकते
पर ये इतना बड़ा परिवार
और सबकी जिम्मेदारियों को
निभाते हुए मेरे पापा
सबकी उम्मीदों पर उतरने
की बेमतलब कोशिश में
दिन रात मेहनत करते हुए
मेरे पापा
और घर संभालती हुई
सुबह से शाम तक
उनकी अपनी भाषा में
"एक पैर पे नाचती"
मेरी माँ
दोनों घर का सबसे बड़ा होने का
कोई किरदार निभा रहे थे
और मैं भी समझी की
शायद यही जीवन है...

7. ओवरलैप

ये देखो
बचपन की यादों में
ये कौन सी यादें
ओवरलैप कर रही हैं
ये तानो बानों में गुम
मेरा मन
सोचता हैं
ये समय इतनी तेजी में भागता हुआ
जाने क्यों चला जा रहा है

रंग

८. श्यामल

मेरा श्यामल रंग
कहना जरुरी था
ये भेद नहीं
मेरे अस्तित्व का
एक अनूठा हिस्सा है

9. मेरा रंग

जाने क्यों दुनिया हमेशा
पहले मेरा रंग देखती है
फिर मुझे देखती है
और ये कोई नयी बात नहीं
ये बचपन से हो रहा है
एक बच्चे के लिए
कितना मुश्किल होता है
रंग भेद की बातों को
समझ पाना
खुद को दुनिया से
कम न समझना
माँ के लाख समझाने पर भी
अपने रंग को देख दुखी होना
अपने आप को
आईने में देखना
और
उबटन की परतों में
आँसूं छुपाना
मुश्किल था
याद है मुझे

10. ये रंग

मेरा रंग
मेरे अस्तित्व का हिस्सा
नहीं
मेरे अस्तित्व का सबसे बड़ा हिस्सा
पूछिए क्यों?
ये जो समाज है,
ये मुझे बाद में देखती है
पहले मेरा रंग देखती है
मजे की बात देखिये
जो रंग देखता है
वो बस रंग ही देखता है
मेरे सांवले रंग के परे
देख पाना थोड़ा मुश्किल है ज़रा ...

11. आईना

एक काजल की लकीर
अगर काफी होती
तो आईना बेबस
ख़ुद को निहारे जाने का
सिर्फ ख़्वाब ही देख पाता
मेरे साँवले रंग में
छुपी हुई ख़ूबसूरती
आईना भला
कैसे समझ पाता

12. जागृति

खुद को समझना
समझ के कटाक्ष से परे
खुद को देख पाना
अपने मन को
दुविधा से अलग रख पाना
खुद को बिना तराशे स्वीकारना
और आईने में देख कर
मुस्कुराना
जागृत होना
आसान तो नहीं था
पर
सच पूछिए तो
जिंदगी कौन से सवाल
आसान लाती है?

जीवन

13. आपाधापी

आपाधापी
इस शब्द से जाने क्यों
अलग सी दोस्ती है
और हो भी क्यों न
यही तो जीवन है!

14. हलचल

उस दिन बस चलते हुए
कुछ दिखा जो कभी मैं भूली नहीं
"उन पथराई आँखों मे जाने
कैसी वो हलचल थी
एक अजीब खामोशी मे
खोई कोई पहेली थी"
कैसे कहूँ की क्या था
बस ये समझो
"यूं ताकती थी वो बेमन से
जमाने से बैर ज्यूं वो रक्खे हो
कुछ था उन सूखे अश्कों मे
जो कहती कोई कहानी थी"
फ़िर बरसो बाद याद आई है,
फ़िर सवालों ने ली अंगडाई है
"जाने क्यूं मन बेकल है की
पूछूं क्या तेरे मन मे है
पर समय ही है जो बीत गया
वो राह गई वो चाह गई"
अब बस एक मन सवाल बुने जाता है,
और फ़िर जीवन की दुविधाओ मे
गुम भूल सा जाता है!

15. अस्तित्व

और फिर शुरू हुई
एक अजीब आपाधापी
जिंदगी की दौड़ में
अपने अस्तित्व को
अपने आप को
समझने की परखने की
आपाधापी
वक्त भागता रहा सरपट
और हम उसके पीछे
आँख खुली तो समझ आया
पिंजड़ों मे बैठ
तारें गिनते वक़्त
कभी
ये ख्याल भी न आया
भला बाहर भी होते तो
कौन सा चाँद छू आते...

16. बारिश

फिर वही बारिश
फिर वही किस्से
फिर वही
कुछ मुस्कुराते से लोग,
कुछ हैं
जो आसमान के रंगों में
आज भी
कुछ किस्से ढूंढ लिया करते हैं
कुछ है जो फिर वहीं हैं....
आज खूब बरसे हैं बादल
शायद कल फ़िर बरसेंगे...

17. अमलतास

मैं, मेरा प्रेम और
अमलतास के फूल
देखो एक से ही तो है
कभी फूलों की चादर
कभी सुनहला एक पेड़
और
कभी शांत
बस एक हवा का झोंका
बहार सी ला देती है
और कभी
बस मुझे युहीं
बेरंग सा कर जाती है
और एक मैं हूँ
इन्ही किताबों के पास
सिमटी हुई एक गुच्छे में
मौसम बीत जाने पर भी
सूखे फूलों की तरह
सिमटी हुई
वक्त के साथ रुकी हुई

18. सिन्दूरी

जिंदगी से क्या चाहिए मुझे?
मैं सोचती रही
और देखो आज पता है मुझे!
ये जो बादलों में से
सूरज के ढलने से
सिन्दूरी रंग है,
उसका एक टुकड़ा चाहिए
उसका एक छोटा सा घर बनाउंगी
पहले नींव,
फिर दीवारें,
और फिर छत डालूँगी
एक एक कर के रंग भरुँगी
अपनी पसंद के!

19. काम

और खो से गए थे हम
तो
एक दिन एहसास हुआ
घड़ी की सुई से तेज़
ये मेल की टिक-टिक
समय का बाँध तोड़ती हुई
चीख़ चीख़ जवाब माँगती हुई
सुनाई पड़ती है
और हम लग जाते हैं
जवाबों की रेस में
और फिर एक दिन खो जाता है
जवाबों के पुलिंदों में...

20. वादे

ये खुद से किये छोटे छोटे वादे
सुकून की चाय
सुबह की सैर
तसल्ली से लंच
6:30 काम से छुट्टी
आठ घंटे की नींद
अपने लिए 5 मिनट
कल पक्का कोशिश करेंगे

तूफ़ान

21. अंदेशा

जब मन कहे कुछ गलत है
तो सुन लो ठहर कर
मैंने नहीं सुना
और मेरे हर दिन पर आज
एक स्याह समय का साया है

22. किरदार

आज एक किस्सा सुना
कुछ नया न था
बस यूंही एक किस्सा था
कुछ नाम अलग थे
शायद किरदारों के भेस अलग थे
पर कहानी वही हूबहू
सोचती हूं
वहम होगा शायद मेरा
ऐसा भी होता है कहीं?
पर ऐसा भी क्या वहम?
हैं तो हम भी बस एक किरदार भर।

23. झूठ

इस आपाधापी में
एक अजीब सा शोर उठा
देखा
तो सैलाब आया है
झूठ , तिरस्कार, फ़रेब,
अच्छाई का नकाब पहनें चला आया !
ये क्या था?
मेरे इस सीधी साधी जिंदगी में
इस नौ से पांच और ओवरटाइम में गुम
भूरे, सफ़ेद, काले कपड़ो वाली जिंदगी में
ये रंगों का वादा करता हुआ
कौन सा झूठ है?
ज़िन्दगी भर साथ का वादा कर
केवल दर्द का वास्ता रखने वाले को क्या कहेंगे?

24. घबराना

तो फिर आज
वापस मेरा बेवजह घबराना
हर आहट से डरना
लौट आया है
कल रात
जब ख़ामोशी में
मेरा डरना
लौट आया
तो समझी मैं
ये शान्ति नही
ये सन्नाटा है
उलझी हुई हूँ आज
कल कहूँगी बाकी का किस्सा
थोड़ा ठहर जाने दो मन को
कहूँगी बाकी का किस्सा

25. क्या लौटाओगे

तुम क्या क्या लौटाओगे?
समय लौटा सकोगे?
या मेरा आत्मसम्मान लौटा सकोगे?
अगर लौटा सकते हो तो तो लौटा दो|
जिंदगी समझने समझाने में निकल जाती
पर तुम्हारा अहंकार मेरे अस्तित्व से बड़ा बनता गया
मैं तिल तिल कर घुलती रही
और तुम दूर होते गए
ठीक ही है
मुझे प्यार से ज्यादा
अपना आत्मसम्मान प्यारा है

26. डर

एक कविता लिखी थी
सबको जबरदस्ती सुनाती चलती थी
नाम था 'डर'
कुछ तो लिखा था
यूँही बचपने में
'डर सर्वथा सर्वव्याप्त है'
लिखा और भूल गयी!
आज डर समझ आता है
कुछ है जो बांधे हुए है मुझे
तार तार कुछ है जो समेटे हुए है
मेरी इस टूटी हुई रूह को
कुछ है जो भीड़ में शांति तलाश रही है
और शांति में शोर...
ये कैसा डर है?
जिसे अपनों से बाँटने में डर है
अपनों से डर है
अपने आप से डर?

27. तकलीफ़

मेरी ज़िन्दगी के एक ऐसा पहलु
जिसे कहा जाए तो
ना जाने कितने किस्से बन जाएं
और अगर एक शब्द में कहना हो तो
तकलीफ़

28. तिरस्कार

कहा था मैंने,

इतना मत रुलाओ

इतना नहीं,

की आदत पड़ जाए

तुम्हारे बिना जीने की

मौका दिया था तुम्हे

एक बार नहीं

कई बार मौका दिया था

लगा था माफ़ी माँगोगे

नहीं मांगी

मैंने तो भी माफ़ कर दिया था

अपना समझ कर

गलती थी

मेरी बहुत बड़ी गलती थी

सही थी मैं

गलत तुम

मैंने प्यार दिया

तुमने तिरस्कार

अब बस

29. चुप्पी

कुछ कहो,

कुछ लिखो,

थोड़ा रो लो

या नजर घुमा के तो देखो

नहीं, क्यों बताओ?

क्यों देखूं दुनिया?

क्यों समझूँ?

क्या मिलेगा मुझे?

ये जो समझते हैं की

हम रोये नहीं एक कतरा भी आँसूं

उन्हें क्या जवाब दें?

ये जो कहते हैं हम कुछ बोले नहीं

इन्हे क्या कहें?

अब कुछ कहने की हिम्मत रही ही नहीं

न अब कुछ बोलने का जी करता है

न कुछ सुनने का

एक झूठ का नक़ाब ढूंढ लिया है हमने

अब तो मुस्कुराने की कोशिश में भी

तकलीफ सी होने लगी है

शायद कुछ चुप्पी से ही थोड़ा आराम मिले...

30. झंकझोर

जाने किस जद्दोजेहद में
आज भी
कब रात आई और
चली भी गई
सुबह के एहसास ने
फिर मन झंकझोर दिया
आज फिर
सवालों के तानों बानों में गुम
क्या है जो आज भी
मेरी हर सुबह पर
एक स्याह रात का साया है?

31. गुमसुम

कुछ लिखूँ
क्यों भला?
काफी वक्त हो गया है,
कोशिश थोड़ी ज्यादा लगेगी।
पर कुछ तो लिखूँ
उस समय लगता था जैसे
किस्से सुनने सुनाने का वक्त बीत सा गया है
अब तो खुद से बातें किए अरसा बीत गया
तो मोटा मोटी ये कहो की कुछ भी नहीं है
ना कहने को ना सुनने को
बस चल रही है जिंदगी
और शायद चलती रहेगी हमेशा यूहीं चुपचाप गुमसुम

आत्मसम्मान

32. ये कल की बात है

कल कुछ ऐसा हुआ
की बस मन थक सा गया
और मैं चल पड़ी...

33. अकेले

किसी ने कहा था
दिल टूटने की आवाज नहीं होती
झूठ
होती है
बहुत शोर होता है
खुद से नफरत हो जाती है
और दुनिया से बगावत
और आसान होता है
यूहीं अकेले चलते जाना

34. आत्मसम्म्मान की तलाश में!

कई बार कोशिश की,

कई पन्ने भी पलट दिए,

कुछ स्याही बदली,

कुछ रंग भी बदल लिए

पर कुछ तो था जो सही नहीं था ...

हर बार जो बेबाक कोशिश जागती थी

हर सुबह जो खामोश हिम्मत चलती थी

वो कुछ खोई सी थी...

तो फिर चल दिए हम

अपने आत्मसम्म्मान की तलाश में

35. रंगीन आँचल

आज खुद तो आईने में देखा
तो
कुछ पहचानने में तकलीफ़ हुई
कुछ बदला तो है
पर उम्र का साया नहीं
ये कुछ और है...
ज़रा बड़े किस्से हैं कहने को...
पर कुछ गुम हूँ मैं
आज कुछ कह नहीं पाऊँगी,
कल जो आँसू छुपाये थे
अपने रंगीन आँचल में मैंने
उनका भी एक किस्सा है!
पर जाने दो कभी वक्त मिला,
तो थोड़ी कोशिश करेंगे
फिर पूरा क़िस्सा सुनाएंगे तुम्हें!

36. तलाश

पूछ लो कभी कि

घंटों क्या तलाशती हूँ

युहीं आईने को निहार कर?

मत पूछो थक गई हूँ

खुद को तलाशते तलाशते

और अब क्या कहूँ

कुछ कहने का भी जी नही होता

सच पूछो तो

आसान नहीं है ऐसे जीना,

यूँ शांत हो कर की कुछ रह ही ना जाए

ना शिक़वा

ना शिकायत

ना गुस्सा

ना प्यार

37. वक्त

तो समझाने की कोशिश की
बस युहीं
एक नादान ने मुझे एक दिन....
पूछा मुझसे
'आपा' कभी सोचा है थक जाएंगी आप एक दिन
और
जब कोई थक जाता हैं
तो एक हाथ की जरुरत होती है
जो थाम ले आपको संभाल ले,
कभी हाथ पकड़ ले,
जो हिम्मत बने
पूछा उसने
कब तक अकेली खुश रहेंगी आप
एक दिन जब थक जाएंगी
देखेंगी आईने में और महसूस करेंगी
इस सूनेपन को जब एक पल को रुकेंगी
तब ये बात याद आएगी
क्या कहती मैं ?
शायद सही था वो
तभी तो सुन रही थी मैं
पर
अभी शायद वक्त है

तृप्ति

मेरे थकने को
रुकने को पलट कर
वक्त को देखने को
शायद सच में वक्त है
मेरे थकने में अभी थोड़ा और वक्त है...

शून्य

38. ख़ामोशी

ख़ामोशी पर कोई किताब होती
तो
कुछ किस्से हम भी पढ़ लेते
अपनी हसीं और ठहाकों में
जाने क्या छुपाने की आदत हो गई है
देखो
आज ख़ामोशी में खुद को देखा
तो सैलाब उमड़ आया
बेमतलब कई ख्यालों का
और
बस उलझ गई फिर मैं
तो आज सवाल ये है
मन में की ख़ामोशी को
कहाँ छुपाया जाये
ये जो सवाल हैं ढेरों
चारों तरफ उनसे बच कर
कहाँ छुपा जाये?

39. मकसद

कभी कभी
बस युहीं सोचती हूँ
लिखने का कोई मकसद नहीं
बस
लिख रही हूँ मैं
दिल खोल के रख देती हूँ
आप सब के सामने
और
जानती भी नहीं
की
आप जाने क्या सोचते होंगे
पर
लिख देती हूँ
देखिये
बस लिख देती हूँ

40. गुलज़ार

अभी गुलज़ार बनने में वक़्त है जरा
अभी तो बस किस्से हैं
कुछ जो वक़्त ने हमसे बांटे है
कुछ हमने वक़्त से बांटे हैं
कभी इमली की छाँव
कभी काजल की लकीरें
अभी कुछ स्याही कच्ची है
अभी सारी कहानिया कच्ची हैं
अभी तकलीफों के पुलिंदों में
दर्द का साया गहरा है
पर कहानी हूँबहु कह देने की हिम्मत
जुटाने में वक़्त है ज़रा

41. खालीपन

क्या कहें
कोई किस्सा है ही नहीं
आजकल
शाम चाय के गिलास
और
सुबह घाँस पर
सेहत तलाशते युहीं गुजर जाती है
आजकल एक बिल्ली दोस्त है हमारी
सुबह साथ टहला करती है
जाने क्यों होती है
साथ शायद दर्द बाँटने आती है
पर आजकल कोई किस्सा ही नहीं है
न ख़ुशी, न दर्द
बस निरीह सी शांति है
और जाने क्यों
इस शांति को चीख कर,
बहुत तेज चीख कर
तोड़ देने का मन करता है
देख रही हूँ दीवारों पर लगी तस्वीरों को
सोच रही हूँ
सुन रही हूँ
बादलों की सरसराहट

और

आज

आज से डर लग रहा है
किस्सों में खालीपन से
किसे डर नहीं लगता बताओ ज़रा...

42. नयी शुरुआत

हर दिन
हर सुबह
एक नयी शुरुआत ही तो है
आपके लिए
मेरे लिए
हम सबके लिए
एक चाय की प्याली हो
या सुबह की सैर
एक छोटी से नयी शुरुआत है

43. उम्मीद

ज़िन्दगी

एक दिन उधार है तुझपर

तसल्ली की शाम उधार है

सुकून की सुबह उधार है

निःशब्द एक दोपहर उधार है

तेरा ये कल का बहाना भी ठीक है

हम तेरी ब्याज की किश्तों से भी

एक खुशमिज़ाज उम्मीद लगाए बैठे हैं...

जीवनाधार

44. हिम्मत

माँ

सुनने में बहुत ही छोटा

पर वज़न में कुछ बड़ा सा

अजीब एहसास है

लगता है, जैसे

कोई छोटी सी आहट कर

अपने होने का एहसास करा रहा है

जैसे कोई है जो मुझे समझा रहा है

दुलार कर मुझे पुचकार रहा है कह रहा है

की क्यों डरती है तू मां मै यहीं तो हूं ना

तेरी हिम्मत तो मैं हूँ ना माँ

45. मातृत्व

मातृत्व का एहसास
साधारण सी जिंदगी है साधारण सपने
पर ये अहसास कुछ असाधारण सा है
जैसे कोई हंसता है और अपने साथ हंसाता है
एक एहसास ही साथ है जो
शायद कुछ कहता है
गुदगुदी सी है जाने किसकी हसीं मै हँसती हूँ
बस यूं कहो कि एक अनोखा अनमोल एहसास है
किसी के आने का किसी के होने का एहसास है

46. माँ

माँ,

एक नन्ही सी जान
और इस नन्ही सी जान के लिए मैं
माँ
अपने दामन में समेटे हुए
इस भोली सी जान को
सहेजे हुए मैं
माँ
मेरी दर्द की गांठों को
अपनी छोटी छोटी उंगलिओं से
अनजाने ही सुलझाता हुआ
मेरा जीवनाधार और मैं
माँ

47. अधूरा

ये जो अक्षर अक्षर जोड़ कर
"मम्म्म्म्म्मा"
कहते हो तुम!
इसके सामने
मेरा सारा अक्षर ज्ञान
अधूरा सा नज़र आता है!

www.ingramcontent.com/pod-product-compliance
Lightning Source LLC
Chambersburg PA
CBHW020749160726
47993CB00006B/2676